Elisabeth Wagner

Herr Blubberplop, der Wassermann

Neue Klanggeschichten und Lieder

Don Bosco Verlag

Die Deutsche Bibliothek – CIP-Einheitsaufnahme

Wagner, Elisabeth:
Herr Blubberplop, der Wassermann : neue Klanggeschichten und Lieder /
Elisabeth Wagner. [Ill.: Felix Weinold].
– 2. Aufl., unveränd. Neuaufl. – München : Don-Bosco-Verl., 1994
ISBN 3-7698-0700-6

2. Auflage 1994 / ISBN 3-7698-0700-6

Umschlaggestaltung und Illustrationen: Felix Weinold, Schwabmünchen
Grafische Notationen nach Entwürfen der Verfasserin: Alex E. Schmid, Benediktbeuern
Gesetzt in der Times Roman
Gesamtherstellung: Salesianer Druck, Ensdorf

Dieses Buch wurde gedruckt auf chlorfrei gebleichtem, umweltfreundlichem Papier.

Inhalt

Liebe Leserin, lieber Leser!

Herr Blubberplop, der Wassermann – das sind Klanggeschichten und Lieder für 6- bis 10jährige Kinder.
Die *Lieder* regen zum Mitsingen, Mitspielen und Darstellen an. Sie können gut mit Klanggesten (klatschen, patschen, stampfen ...) und Gitarre begleitet werden.
Sie machen auch neugierig, neue Klanggeschichten kennenzulernen.

Die *Geschichten* und *Gedichte,* die sich mit Hilfe der grafischen Notation gut in Schallereignisse umformen lassen, gelangen durch die Verklanglichung mit Orff-Instumenten zu neuem Leben. Daher sollte den Kindern der Inhalt nicht ohne Instrumentenbegleitung vorgestellt werden.
Die vorgelegten Einheiten sind keine starren Stundenbilder. Je nach Anzahl der Kinder, Raumsituation und vorhandenen Instrumenten lassen sich die Geschichten problemlos auf die Gruppensituation abstimmen.

Dieses Buch entstand in Zusammenarbeit mit meinem Bruder *Peter Kögler.*
Er ist Lehrer und Lyriker. Seine originellen Texte animierten mich, Lieder und neue Klanggeschichten zu schreiben. Ich danke ihm für die lustigen Beiträge und hoffe, daß die Freude, mit der die Lieder und Geschichten geschrieben wurden, ansteckt!

Tips zum Begleiten von Klanggeschichten

Einführung

Zu Anfang sprechen Sie am besten mit den Kindern über das Leben der Tiere und Personen, die in der Geschichte vorkommen. Als Vorstellungshilfe verwenden Sie Bilder oder Zeichnungen. Das ist für jüngere Kinder besonders wichtig.

Bewegung der Kinder mit Bewegungsbegleitung

Die Kinder sollten zuerst versuchen, die Tiere durch Bewegungen darzustellen. Dabei begleiten Sie zunächst die Bewegungen bereits mit den entsprechenden Instrumenten, die den Personen und Tieren zugeordnet werden.
Bei geübten Gruppen können die Kinder selbst versuchen, die passenden Instrumente zuzuordnen.

Die Verklanglichung der Geschichte

Die Verklanglichung ist eine Weiterführung des Bewegungsspiels. Sie erzählen die Geschichte und spielen dazu das passende Instrument. Dann wird die Geschichte noch einmal erzählt und von den Kindern auf den Instrumenten begleitet.
Bei geübteren Gruppen wird es möglich sein, von Anfang an die Instrumentenbegleitung von Kindern durchführen zu lassen.
Wer die Geschichte erzählt, muß nach jedem Abschnitt auf eine genügend lange Erzählpause achten, damit das Kind Zeit hat, auf dem Instrument zu spielen.

Darstellungsspiel

Sie oder ein Kind erzählen die Geschichte. Einige Kinder spielen auf den Instrumenten, die anderen versuchen den Ablauf der Geschichte darzustellen. So wird die Klanggeschichte ausgespielt und vertieft.
Es können 10 bis 25 Kinder in das Geschehen miteinbezogen werden.

Viel Freude und Erfolg
Elisabeth Wagner

Verwendete Instrumente

Glockenspiel

Xylophon

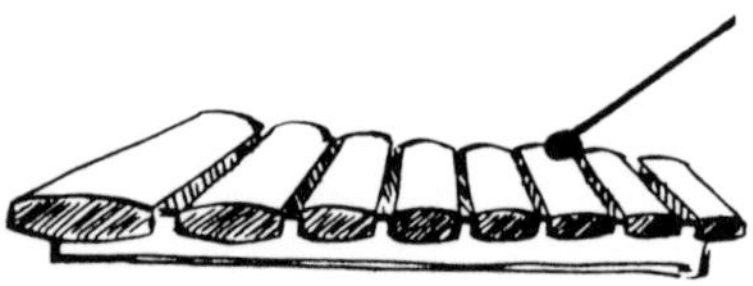

Metallophon

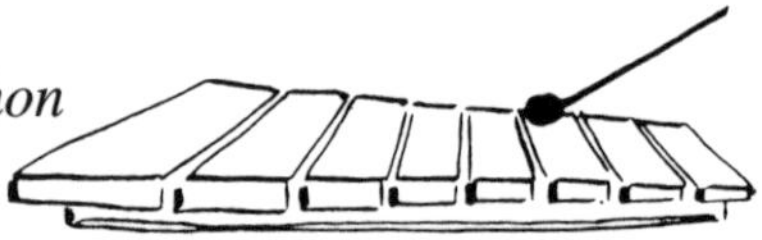

Fingercymbeln

großes Becken

Triangel

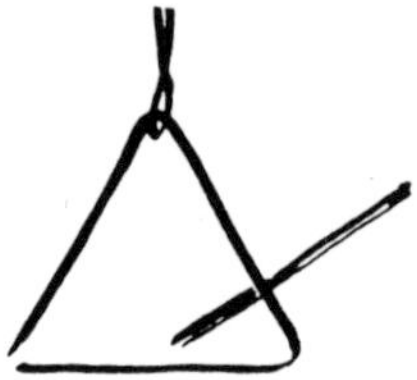

Rassel

Klanghölzer

Stielkastagnetten

Holzblocktrommel

Wooden Agogo

Handtrommel

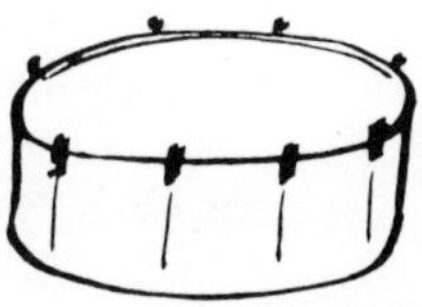

Schellenkranz

Pauken

Schellentrommel

Flöte

Herr Blubberplop, der Wassermann

Bewegungen der Kinder		Bewegungsbegleitung
wie Schmetterlinge gaukeln		*Metallophon*
wie Bienen summen und Hummeln fliegen		*Fingercymbeln*
wie Frösche hüpfen	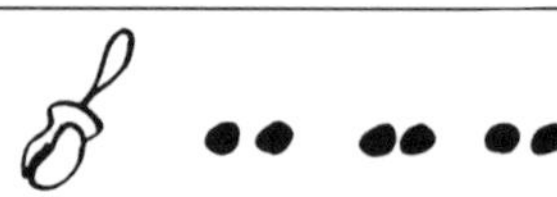	*Stielkastagnette*
wie Fische schwimmen	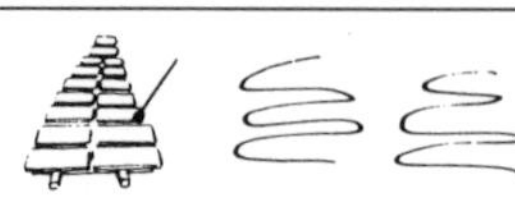	*Glockenspiel*
der Wassermann zittert	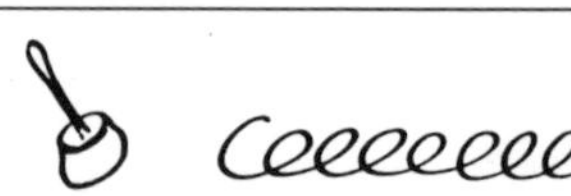	*Rassel*
wie die Heuschrecken hüpfen		*Agogo*

Oma Fröhlich lebte in einem kleinen Haus. Sie hatte einen wunderschönen Garten, in dem viele Blumen blühten. Schmetterlinge flogen von Blume zu Blume,

und Bienen summten den ganzen Tag.

In dem Garten hatte Oma Fröhlich einen kleinen Teich angelegt. Es war ein richtiges Biotop. Frösche hüpften abends von Seerose zu Seerose und quakten ihr Abendlied.

Tief unten im Teich lebte Herr Blubberplop, der Wassermann. Er war Oma Fröhlichs Freund. Oft sah sie ihm zu, wenn er mit den Fischen spielte, die in seinem Haar lebten.

Herr Blubberplop fraß nur große Fische. Darum brachte ihm Oma Fröhlich hin und wieder einen Karpfen, den er immer gleich verschlang.

So lebten sie einige Jahre. Eines Tages aber zitterte Herr Blubberplop so sehr, daß alle Fische schleunigst aus seinen Haaren schwammen.

Oma Fröhlich brachte ihm einen Karpfen, aber der Wassermann ließ ihn wieder schwimmen.

„Was hast du?“ fragte Oma Fröhlich. Herr Blubberplop kam zitternd aus dem Wasser.

„Ich glaube, ich werde alt, mir ist im Wasser so kalt, kann ich vielleicht in deine Blumenwiese übersiedeln?“ Oma Fröhlich gab ihm einen schönen freundlichen Platz zwischen den Margeriten und Glockenblumen.

Da gefiel es nun Herrn Blubberplop. Hin und wieder neckte er die Hummeln, die über seinen Kopf flogen, und spielte mit den Heuschrecken Fangen.

Herr Blubberplop, der Wassermann

2. Einst hockt ein junger Riesenfisch
in seinen Haaren – wisch, wisch, wisch.
Herr Blubberplop nahm ihn beim Schwanz
und fraß ihn mit Behagen ganz.
Refrain

3. Ein Tintenfisch kroch auch heran
und wollte sehn den Wassermann.
Der packte ihn bei einem Arm,
schon war er schwarz, daß Gott erbarm!
Refrain

4. Doch als der Wassermann war alt,
da wurd' es ihm im Teich zu kalt.
Nun war's mit Fischefangen aus,
er ruht' sich an der Sonne aus.
Refrain:
Plinge ..., plisch, plisch, plisch,
der Wassermann fängt keine Fisch.
Plinge ..., plumm, plumm, plumm,
das ist ihm jetzt zu dumm!

Das verschnupfte Kamel

Bewegungen der Kinder		Bewegungsbegleitung
wie Kamele traben		*Trommel*
wie Suleika tanzt		*Metallophon*
wie Löwen schleichen		*Becken*
wie Ali läuft	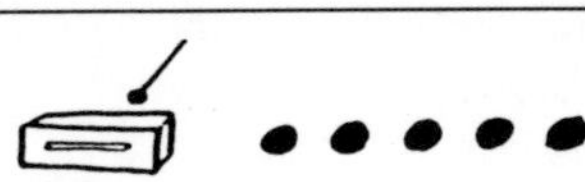	*Holzblocktrommel*

Das Trinken des Kamels wird mit der *Rassel* verdeutlicht.

In der Wüste lebte der Beduine Hassan mit seiner Frau Mirjam und dem kleinen Ali. Hassan hatte viele Kamele, mit denen er von einer Oase zur anderen zog.

Auch Ali hatte ein Kamel, mit dem er oft spielte. Es hieß Hafti. Eines Tages kamen sie zu einer großen Oase. Ali führte Hafti zu einer Wiese, auf der saftiges Gras wuchs.

Aber Hafti wollte kein Gras. Er wollte frische süße Datteln, die im Palmenhain wuchsen. Das Kamel riß sich los und lief zu den Palmen.

Es bemühte sich sehr, eine Dattel zu erwischen, aber sie wuchsen viel zu hoch oben. Plötzlich mußte das Kamel niesen: „Hatschi!" Es hatte sich verkühlt. Traurig trabte es in der Oase herum.

Da kam es zu den Beduinenzelten. Dort tanzte das Mädchen Suleika zu einer schönen Musik.

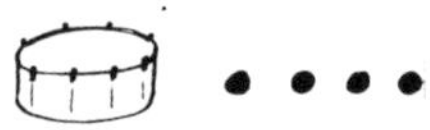

Hafti schaute ihr zu. Doch auf einmal mußte er niesen: „Hatschi, hatschi!" Suleika, die noch nie ein Kamel niesen gehört hatte, erschrak und hörte auf zu tanzen. Schnell lief Hafti weg.

Er hatte Durst und kam zu einem Brunnen. Hafti trank daraus.

Da schlich sich ein Löwe heran.
Auch er wollte zum Wasser und brüllte laut: „Roarrrrr!" Da nieste das Kamel: „Hatschi!" Und vor Schreck lief der Löwe in die Wüste zurück.

Endlich kam Ali zum Brunnen.
Er sagte: „Da bist du ja. Ich habe süße Datteln für dich." Da freute sich Hafti und fraß die Leckerbissen ratzeputz auf.

Das verschnupfte Kamel

2. Es kommt in den „Süße-Datteln-Wald“,
da hängen viel Datteln,
doch ihm wird ganz kalt.
Die Datteln, die hängen zu hoch
auf dem Baum,
es niest und niest – und aus ist der Traum.
Refrain

3. Es kommt zu den Zelten am Wüstenrand,
da tanzt die Suleika im gelben Gewand,
und wieder muß niesen das arme Kamel,
Suleika erschrickt und hört auf
auf der Stell'.
Refrain

4. Es kommt zu dem Brunnen, nimmt kaum einen Schluck,
da naht schon ein Löwe, der kriegt nie genug.
„Hatschi!“ macht's Kamel, und der Löwe brüllt laut,
das Kamel es vor Schreck auf das Hinterteil haut.
Refrain

Murreburr, der Stier

In Spanien lebte eine Herde von Kühen und Stieren. Darunter war auch Murreburr, ein kleiner schwarzer Stier. Oft sah er den großen Stieren zu, wenn sie wild mit den Hufen stampften

und für den Stierkampf mit Bändern geschmückt wurden. Murreburr aber wollte kein wilder Stier für den Stierkampf werden, er wollte zahm sein und so schöne Musik machen wie der Hirtenjunge, den er oft auf seiner Flöte spielen hörte.

Er trabte in seinen Stall zurück,

fraß einige Büschel Heu

und träumte.

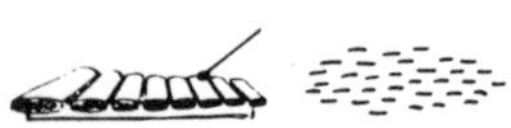

Er träumte von einem Orchester, in dem viele Tiere Musik machten. Die weißen Pferde spielten Xylophon,

die Mäuse trippelten auf dem Glockenspiel,

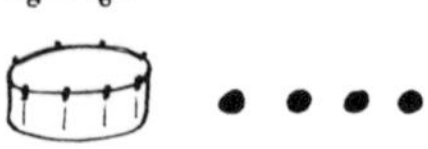

der Esel schlug die große Trommel,

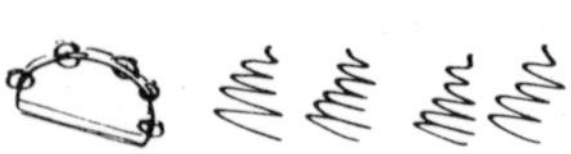

Bello, der Hund, hatte Schellen am Schwanz,

und Murreburr spielte Klavier und sang dazu: „Muh, muh, muh".

Dieser Traum gefiel Murreburr! Und als er erwachte, trabte er gemächlich in der Sonne herum und „sang“ noch weiter laut sein „muh, muh, muh“.

Murreburr, der Stier

2. Als er den Deckel aufgetan,
da sah er sich die Tasten an.
Er drückt’ sie alle kunterbunt,
bis ihm die Ohren wurden wund.
Refrain

3. Vor Freude brüllt’ er laut und tief,
geschwind er seine Kühe rief,
sie hörten ihm geduldig zu
und brummten höchstens einmal: „Muh!“
Refrain

4. Doch Murreburr wurd' plötzlich wild,
hat mit den Hörnern gut gezielt
und stieß das schöne Instrument,
bis es den Hügel runterrennt.
Refrain

5. In einer Kurve lag viel Stroh,
darüber war's Klavier sehr froh,
drin ruhte es sich endlich aus,
denn es sah arg zerschunden aus.
Refrain

6. Und Murreburr, der wilde Stier,
der spielte nie mehr am Klavier.
Doch Sänger blieb er immerzu
und übte täglich „muh, muh, muh".
Refrain

Bodobo, das Nilpferd

In einem großen Fluß in Afrika lebten viele Nilpferde. Sie spielten Fangen und spritzten einander das Wasser auf den Rücken.

Nur Bodobo, das dickste Nilpferd, wälzte sich faul im Schlamm.

Da schwamm eine Entenfamilie mit ihren Entenküken vorbei.

„Bodobo“, schnatterte die Entenmama. „Mein Enterich und ich möchten ein bißchen fliegen, kannst du auf unsere Küken aufpassen?“ Bodobo nickte bedächtig mit seinem dicken Kopf.

Die Enteneltern flogen fort.

Bodobo spielte nun mit den jungen Entlein. Er ließ sie durch sein großes Maul schwimmen.

Da entdeckte Bodobo auf einmal, daß ein Entenkind fehlte. Er suchte es und fand es im Schlamm. Es steckte fest. Er stapfte hin,

hob es sanft mit seinem großen Maul auf und trug es zu den anderen Küken zurück.

Plötzlich sah Bodobo ein großen braunes Tier. Es flitzte fast lautlos durchs Wasser.

Es war ein Krokodil, das sich ein Entlein schnappen wollte.

Bodobo platschte mit seinem schweren Körper ins Wasser.

Das Krokodil erschrak und flüchtete so schnell es konnte.

Da kamen die Enteneltern angeflogen.

Sie bedankten sich bei Bodobo und schwammen mit ihren Entenkindern den Fluß aufwärts.

Bodobo hatte seine Sache gut gemacht und konnte sich nun wieder ausruhen. Er wälzte sich faul im Schlamm

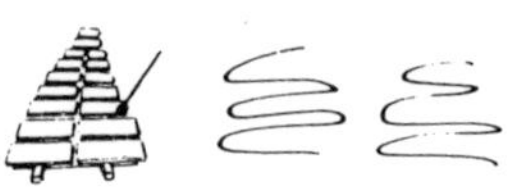

und ließ sich die Sonne auf den Rücken scheinen.

Das Nilpferd Bodobo

2. Mal lief ein Entenkind ihm weg
und steckte fest im tiefen Dreck,
da holte er's in schnellem Lauf
und hob es sacht vom Boden auf.
Refrain

3. Einst schwamm ein Krokodil herbei,
wollt' schnappen sich der Enten drei,
doch Bodobo beschützte sie
und biß das wilde Kroko-Vieh.
Refrain

4. Da war'n die Entlein hocherfreut,
das Krokodil schwamm fort schon weit.
Die Entlein riefen froh vereint:
„Der Bodobo ist unser Freund!"
Refrain

Zibzicha, die Hexe mit dem langen Hexenbesen

Vor vielen Jahren lebte im Wald eine Hexe. Sie hieß Zibzicha. Sie war sehr allein. Niemand kam sie besuchen. So beschloß sie, auf ihrem Besen Flobisar in die Stadt zu fliegen. Sie stieg auf, und los ging's!

Als die Hexe in die Stadt kam, sah sie viele Dinge, die es im Wald nicht gab.
Autos fuhren und hupten: tüt, tüt,
Leute strampelten auf ihren Fahrrädern,
und Mopeds sausten durch die Straßen: brumm!

Die Hexe flog mit Flobisar, ihrem Hexenbesen, darüber hinweg und keiner beachtete sie. Doch plötzlich zeigte Lisa, die gerade mit ihrer Mutti einkaufen ging, in die Luft. „Mutti, schau, da fliegt eine Hexe!" Lisas Mutti schaute zum Himmel und sah Zibzicha auf ihrem Besen fliegen. Sie konnte es kaum glauben, aber da landete Zibzicha schon.

„Hallo, guten Tag, ich bin die Hexe Zibzicha und das ist mein Besen Flobisar. Wollt ihr mit uns fliegen?" Lisa war begeistert und wollte gleich mitfliegen. Aber auf dem Besen Flobisar hatten nicht alle drei Platz. So zauberte die Hexe: „Rumsdidelbums abralisar, flarum darum didei!"

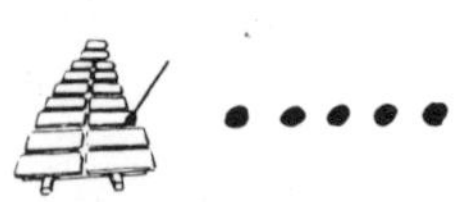

Und schon war Flobisar ein Stück gewachsen.

Nun konnten sie losfliegen.

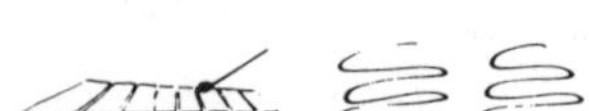

Das war lustig. Lisa jauchzte vor Freude. Viele Leute schauten jetzt zu, wie Zibzicha mit den beiden über die Dächer flog.

Nun wollten natürlich viele Kinder mit Zibzicha fliegen. Aber Flobisar war zu kurz. So zauberte die Hexe:
„Rumsdidelbums abralisar, flarum darum didei!“

Der Besen wurde länger

und länger,

bis alle Kinder darauf Platz fanden. Hei, das war lustig!

Zibzicha war nun nicht mehr allein. Wenn sie abends mit Flobisar über Felder und Wiesen flog, war sie sehr glücklich und freute sich schon auf den nächsten Tag.

Zibzicha, die Hexe mit dem langen Hexenbesen

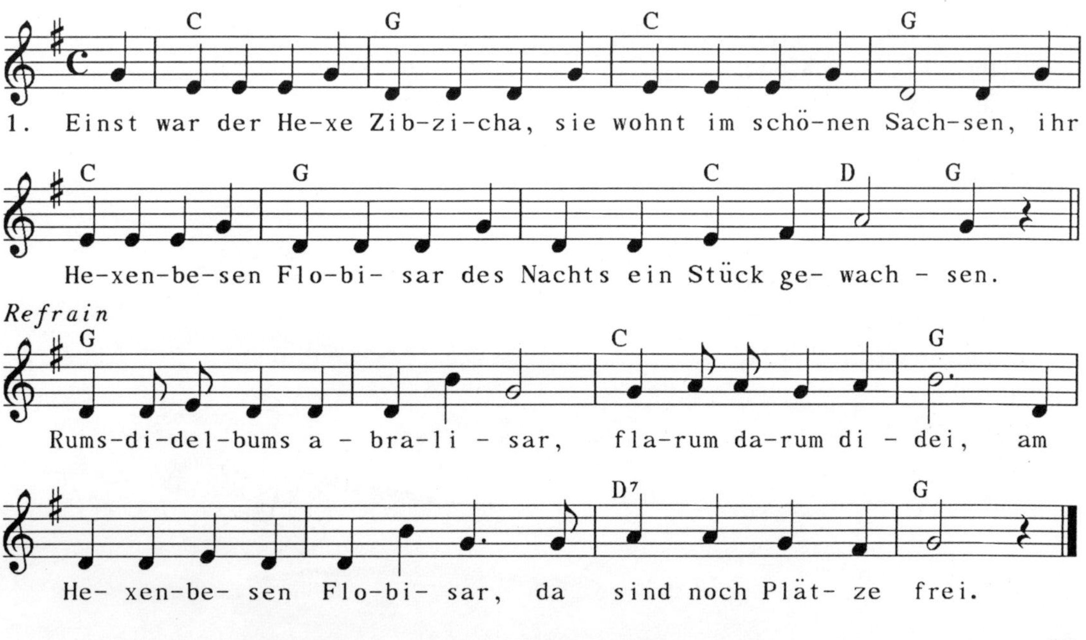

2. Flugs lud sie dreißig Kinder ein,
mit ihr herumzufliegen,
die konnten hoch im Sonnenschein
genug nie davon kriegen.
Refrain

3. Am nächsten Tag war Flobisar
gut fünfzig Meter lang,
dem Bürgermeister Zimmerhaar
war schon vom Hinschaun bang.
Refrain

4. Es durfte flieg'n die ganze Stadt
mit Flobisar umher,
der Zauberbesen wurd' nicht matt,
ihm war es nicht zu schwer.
Refrain

5. Nach einem Jahr war Flobisar
so lang als bis zum Mond,
so daß die Hexe Zibzicha
seit kurzem oben wohnt.
Refrain

6. Bald war es ihr am Mond zu fad,
da macht sie einen Rutsch
auf ihrem Besen kerzengrad,
das ging in einem Flutsch!
Refrain

7. Doch eines Tages – Schreck und Graus –
da war's um ihn geschehn,
dem Besen fiel'n die Haare aus,
das war nicht mehr bequem!
Refrain

8. Der Besen wurde schrecklich dünn,
ganz weich und wolkenzart,
die Nase wurde sternengrün
und flockenbleich sein Bart.
Refrain

9. Da rief die Hexe Zibzicha:
„Abrakadabrabrabur!"
Da wurd' der lange Flobisar
ein kleiner Besen nur!
Refrain

10. Mit diesem aber fliegt sie sacht
quer über Wald und Feld
in jeder hellen Vollmondnacht,
hei, wie ihr das gefällt!
Refrain

Der Maikäfer Fliederich

Auf einem Eichenbaum krabbelte Fliederich, der Maikäfer.

Er hatte schöne braune Flügel, mit denen er von Blatt zu Blatt flog.

Mit seinen feinen Fühlern tastete er die Blätter ab.

Am liebsten waren ihm frische saftige Eichenblätter, die er langsam aufknabberte.

Nachdem er in einige Blätter Löcher gefressen hatte, wurde er müde und schlief ein.
In der Nähe des Eichenbaums wohnte Peter mit seinen Eltern. Peter spielte sehr gern mit seinen Ball. Am liebsten spielte er Fußball. Sein Vati stellte zwei Holzpflöcke auf, die als Tor dienten. Er war der Tormann und Peter der Stürmer. Peter legte sich den Ball zurecht, und – hau ruck – flog der Ball ins Tor.

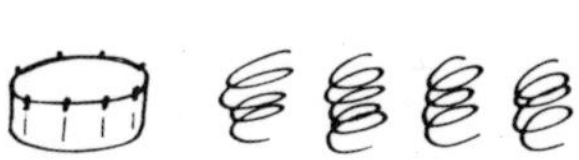

„Bravo!" rief sein Vati. „Das probieren wir gleich noch einmal."

Peter lief an, und – bum! –

flog der Ball in den Eichenbaum, in dem Fliederich, der Maikäfer, gerade sein Mittagsschläfchen hielt. Fliederich wurde

wach und stürzte vom Baum,

direkt in Peters Hand. Peter lief zu seinem Vati.

„Schau, was ich gefunden habe!“ rief Peter. „Einen Maikäfer, den behalte ich und lege ihn in eine Schachtel.“
Peters Vati betrachtete Fliederich und sagte: „In einer Schachtel kann der Maikäfer nicht leben. Er braucht Luft, einen Baum und frische Blätter. Laß ihn wieder fliegen!“

Da öffnete Peter die Hand, und Fliederich flog, so schnell er konnte, auf seinen Eichenbaum zurück.

Dort knabberte er in seiner Aufregung ein großes Loch in ein frisches Blatt und war froh, wieder auf dem Baum zu sein.

Der Maikäfer Fliederich

2. Der Rüssel ist ihr Flugzeugsitz,
ein Windstoß kommt, und wie der Blitz
fliegt Fliederich durch Wald und Heid,
die Kinder haben große Freud!
Auf einmal aber macht es „Krach!“
Gar schnell ist Fliederich hellwach!
Refrain

3. In seinem lust'gen Mohrentraum
ist er gefallen von dem Baum.
Die Flügel sind jetzt ganz zerdrückt,
die Landung ist trotzdem geglückt!
Gebrochen ist kein einz'ges Bein,
da kann der Fliederich sich freun!
Refrain

Rolla,
die ängstliche Schlange

Bewegungen der Kinder		**Bewegungsbegleitung**
wie Schlangen kriechen	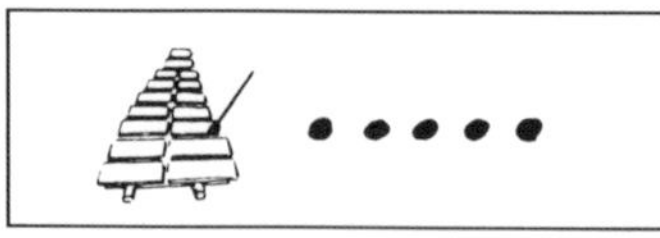	*Glockenspiel*
wie Käfer krabbeln		*Rassel*
wie Hasen hoppeln	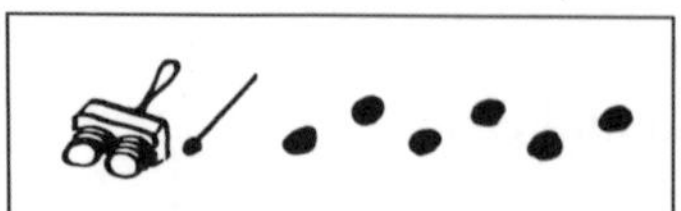	*Wooden Agogo*
wie Wilddiebe schleichen	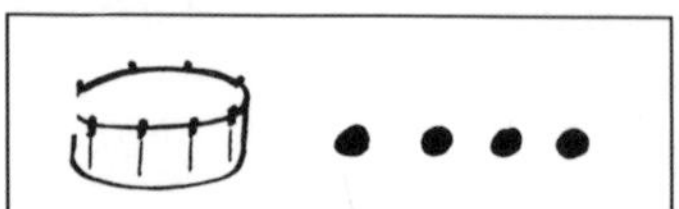	*Trommel*
wie Rehe traben	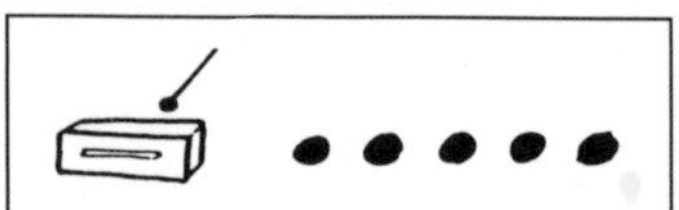	*Holzblocktrommel*

In einem Bach schlängelte sich eine dünne Schlange.

So hieß Rolla und war sehr allein. „Ich möchte so gern einen Freund haben“, dachte sie sich und glitt über die glatten Steine auf die Wiese.

Da krabbelte ein dicker brauner Käfer daher.

Als er Rolla sah, versteckte er sich schnell unter einem Stein.

Eine Eidechse flitzte durchs Gras,

aber auch sie floh vor der Schlange.

Langsam schlängelte sich Rolla weiter in das Gestrüpp.

Da hoppelte ein Hase vorbei.

Rolla dachte: „Ich bin sicher sehr häßlich, sonst würden nicht alle Tiere flüchten.“ Und sie versteckte sich.
Da trabte ein kleines Reh zum Wasser.

Rolla erblickte das Reh und sah gleichzeitig einen Wilddieb, der sich anschlich.

Schnell schlängelte sich Rolla vor seine Füße.

Der Wilddieb erschrak und lief weg.

Das kleine Reh konnte nun ruhig trinken. Vor der Schlange hatte es keine Angst, und Rolla war sehr stolz darauf, das Rehkitz vor dem Wilddieb gerettet zu haben.

Rolla, die ängstliche Schlange

2. Es sprang ein Fischlein aus der Flut,
da schwand sofort ihr kleiner Mut.
Ganz zitternd rollte sie sich ein,
wie kann man nur so ängstlich sein?
Refrain

3. Mal kam ein Has in schnellem Lauf,
der stellte seine Ohren auf,
und schon versteckte Rolla sich
vor diesem wilden Hasenviech.
Refrain

4. Jetzt kam ein Wilddieb mit der Schling,
damit er sich ein Rehlein fing,
doch da kam Rolla sehr in Wut,
und flugs bekam sie endlich Mut.
Refrain

5. Sie rollte schnell sich um sein Bein,
o je, da tat der Wilddieb schrein.
Erfreut sprang auf das Rehleinkind
und lief gerettet fort geschwind.
Refrain

Der Maulwurf Pflock

Auf einer großen Wiese, auf der viele Obstbäume wuchsen, lebte der Maulwurf Pflock. Er hatte ein schwarzes, samtiges Fell und große „Baggerhände“.
Den ganzen Tag grub er unter der Erde Gänge.

Das gefiel den Obstbäumen und Blumen, denn so konnten sich ihre Wurzeln in der lockeren Erde gut entwickeln. Hin und wieder kam Pflock an die Oberfläche und blinzelte in die Sonne.

Dort entstand dann ein Erdhügel. Eines Tages kam der Bauer auf die Wiese, um nach seinen Obstbäumen zu sehen.

Bums! Pardautz!

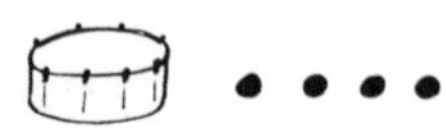

Er stolperte über einen Maulwurfshügel. „Ja, wie schaut’s denn da aus!“, schimpfte der Bauer und beschloß, den Maulwurf zu vertreiben.

Er holte Murr, den Kater, der sich sogleich anschlich.

Aber Pflock grub weiter seine Gänge. 

Wenn er an die Oberfläche kam und Murr, den Kater, sah, 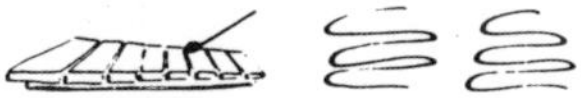

verschwand er ganz schnell wieder in seinem Bau.

So konnte ihn Murr nie erwischen. Die Bäume und Blumen aber waren froh, daß Pflock weiterhin die Erde auflockerte. 

Der Maulwurf Pflock

2. Als Pflock noch war sehr jung und dumm,
grub er die Gänge schief und krumm.
Sehr viele Haufen warf er auf,
der Bauer regt sich drüber auf.
Refrain

3. Der Bauer schrie: „Schockschwerenot!
Die Maulwürf' schlag ich alle tot,
ich schick euch Kater Murr heut' nacht,
daß er euch bald den Garaus macht."
Refrain

4. Vorbei war'n nun die schönen Tag,
mit Murr, da gab's nur Müh und Plag.
Doch Pflock war immer auf der Hut,
drum geht es ihm bis heute gut.
Refrain

5. Jetzt wird schon weiß sein schwarzes Haar,
denn morgen wird er dreizehn Jahr.
Er freut sich, wenn der Herbst vorbei,
dann schläft er bis zum ersten Mai.
Refrain

Der hilfreiche Rabe Karaxin

Bewegungen der Kinder		**Bewegungsbegleitung**
wie Schweine sich im Schlamm wälzen		*Rassel*
wie Kühe stampfen	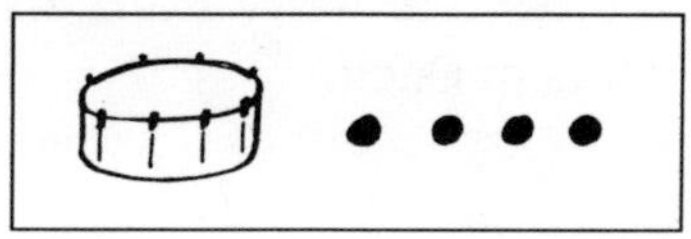	*Trommel*
wie Pferde galoppieren	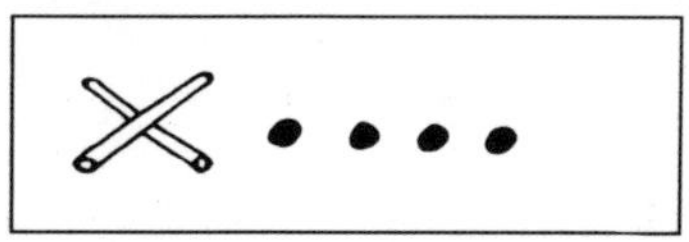	*Klanghölzer*
wie Hühner flattern	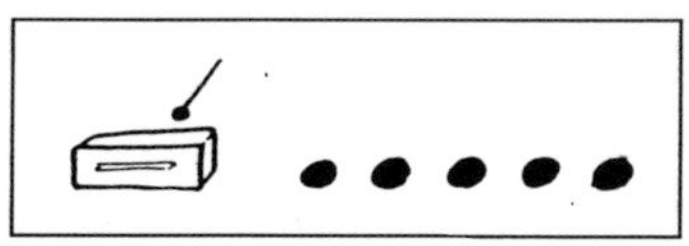	*Holzblocktrommel*
wie Gänse watscheln	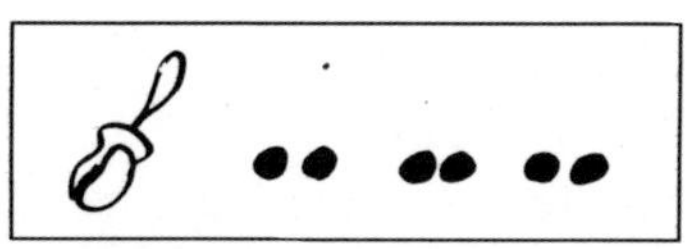	*Kastagnetten*
wie Raben krächzen und fliegen	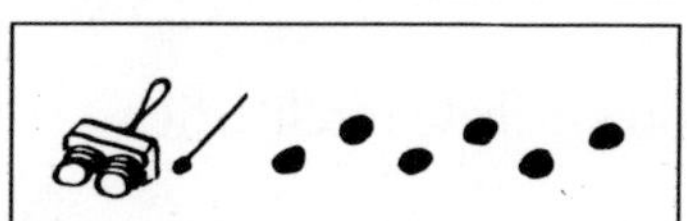	*Wooden Agogo*
wie Füchse schleichen	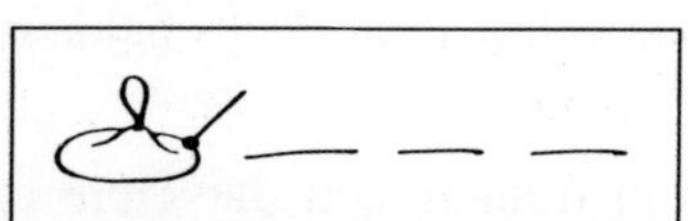	*Becken*

Auf einem Bauernhof lebten viele Tiere.
Schweine wälzten sich im Schlamm und grunzten vergnüglich.

Kühe stampften auf der Weide,

Pferde galoppierten,

Hühner gackerten auf dem Misthaufen,

und Gänse spazierten über den Hof.

Auch der alte weise Rabe Karaxin suchte sich ein Plätzchen unter dem Dach.

Es war alles ganz friedlich, bis sich eines Tages ein Fuchs anschlich.

Die Hennen flatterten sehr aufgeregt,

und die Gänse liefen, so schnell sie konnten.

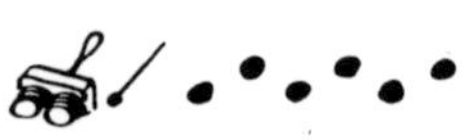

Als Karaxin, sah, wie die Tiere in Not waren, beschloß er, ihnen zu helfen. Er flog zum Fuchs, zwickte ihn in sein Bein, flatterte vor seiner Nase herum

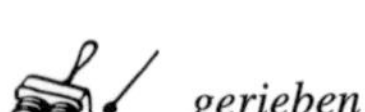

und krächzte fürchterlich.

Das wurde dem Fuchs bald zu dumm, und er lief weg!

Nun freuten sich die Tiere und bedankten sich beim Raben Karaxin für seine Hilfe.

Der hilfreiche Rabe Karaxin

2. Der rote Fuchs träumt unterm Baum
den allerschönsten Füchse-Traum,
doch Karaxin, nicht fade,
zwickt frech ihn in die Wade!
Refrain

3. Der Fuchs ein Gänslein holen will,
er schleicht sich an mucksmäuschenstill,
doch Karaxin, der Weise,
vertreibt dem Fuchs die Speise.
Refrain

4. Jetzt schleicht der Fuchs zum Hühnerstall,
ein Huhn möcht er auf jeden Fall,
doch Karaxin ist schneller,
leer bleibt dem Fuchs der Teller!
Refrain

Hoppelpopp und Cefalu

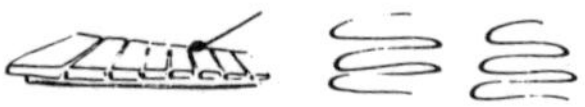

In der Nähe eines Waldbachs, an dem viele Dotterblumen blühten, lebte Cefalu, der Feuersalamander. Seine gelben Flekken leuchteten in der Sonne. Ihm gefiel es am Waldbach. Hin und wieder schwamm eine lustige Forelle vorbei,

und die kleinen runden Steine kollerten, vom Wasser getrieben, weiter den Bach hinunter.

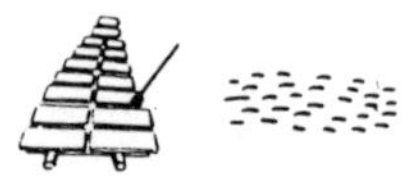

Eines Tages, als Cefalu durchs Laub streifte,

kam Hoppelpopp, der Feldhase, angehoppelt.

 *gerieben*

Er hatte großen Durst und wollte im Bach trinken.
Plötzlich stieß er mit seiner Nase auf Cefalu!

Der kroch, so schnell er konnte, in sein Wurzelhaus.

Hoppelpopp wollte aber Cefalu nicht erschrecken und stupste mit seiner Nase auf die Erde:

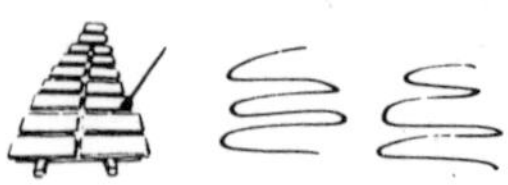

„Hallo, Cefalu, ich tu dir nichts zuleide. Komm wieder hervor, ich möchte deine schönen gelben Flecken betrachten.“ Da kroch der Salamander langsam aus seinem Wurzelhaus

und hatte keine Angst mehr vor dem Hasen Hoppelpopp.

Hoppelpopp und Cefalu

2. Husch! Cefalu kriecht in sein Loch,
laut schlägt sein Herzlein, poch, poch, poch.
Hier stört ihn nicht die kleinste Maus,
am schönsten ist es doch zu Haus.

Doch Hoppelpopp ganz leise
ruft freundlich: „Cefalu,
komm mit mir auf die Reise,
ich laß dich auch in Ruh!“

3. Sie geben sich die Pfötchen fein
und reiben ihre Näselein.
Ja, Hoppelpopp und Cefalu
sind Freunde nun wie ich und du.

Das freut den Salamander,
vergessen ist der Streit,
sie spielen miteinander
die ganze Sommerzeit.

Der Heuschreck Klipp

Bewegungen der Kinder		Bewegungsbegleitung
wie Heuschrecken hüpfen	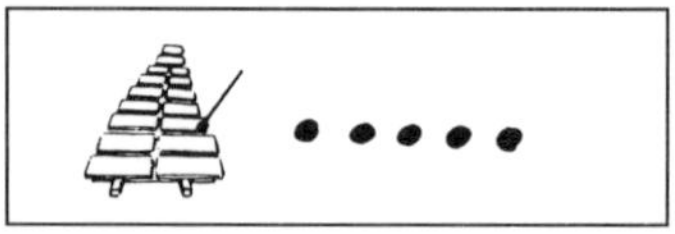	*Glockenspiel*
wie Bienen fliegen		*Fingercymbeln*
wie Ameisen krabbeln		*Rassel*
wie Hasen hoppeln	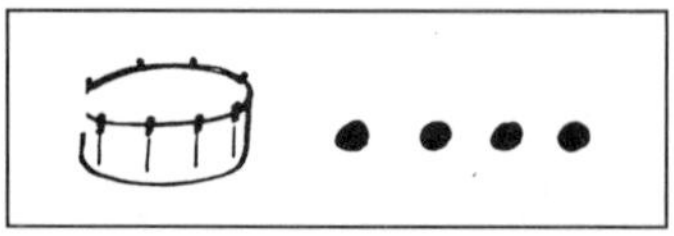	*Trommel*
wie Störche stolzieren	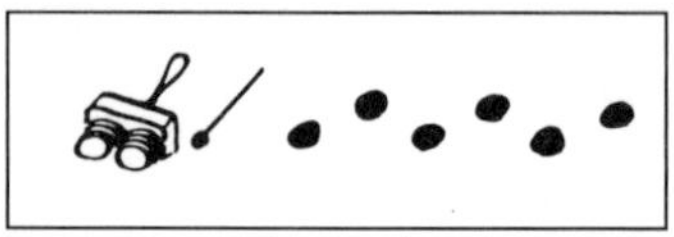	*Wooden Agogo*
wie Störche klappern	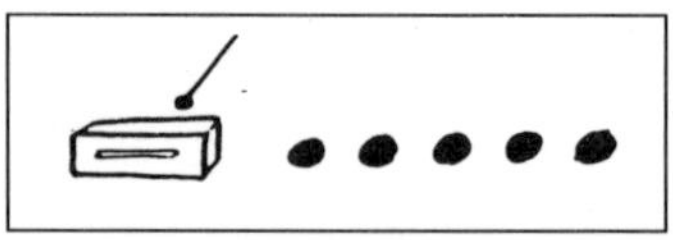	*Holzblocktrommel*

Auf einer wunderschönen saftigen Wiese lebte Klipp, der Heuschreck. Er hatte viele Freunde. So wurde es dem lustigen Kerl nie langweilig. Einmal hüpfte er zu den Bienen,

die fleißig Honig sammelten.

Dann beobachtete er die Ameisen, die eilig im Gras krabbelten und schwer arbeiteten.

Da hüpfte ein großes Tier vorbei.

Es war ein Feldhase, der über die Wiese hoppelte. Klipp erschrak so, daß er einen hohen Satz machte.

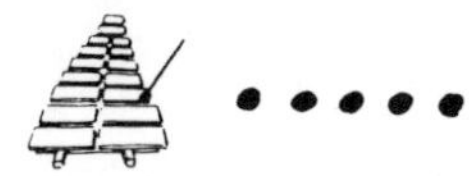

Er landete knapp neben einem Teich. Das hohe Schilfgras war hier sehr feucht, Klipp mußte aufpassen, daß seine Flügel nicht naß wurden. Plötzlich stolzierte ein riesiger Storch daher.

Schon von weitem hörte man sein Klappern.

Als Klipp den Storch hörte, kroch er schnell unter einen Stein.

Der Storch stolzierte langsam vorbei.

Klipp freute sich, daß ihn der Storch nicht gesehen hatte, und machte den höchsten Luftsprung seines Lebens.

Der Heuschreck Klipp

2. Auf seiner bunten Wiese,
flipp, flipp, flipp,
da sitzt die kleine Liese,
flipp, flipp, flipp.
Er hüpft sogar in ihre Hand,
das ist doch allerhand!

3. Da kommt ein Storch gegangen,
flipp, flipp, flipp,
will einen Heuschreck fangen,
flipp, flipp, flipp.
Doch Klipp versteckt sich ganz geschwind,
daß ihn der Storch nicht find't.

4. Der Storch stolziert ganz langsam weg,
flipp, flipp, flipp.
Sofort hüpft Klipp aus dem Versteck,
flipp, flipp, flipp:
„Der Storch, der hat mich nicht gesehn,
o, wie ist das schön!“

Aki, der Indianerjunge

2. Er fing ein junges, wildes Pferd,
das ihm nun ganz allein gehört,
doch mag's nicht folgen, das ist schlimm,
und hat nur Unsinn stets im Sinn!
Aki wollt' reiten auf ihm gern
wie stolze Indianerherrn,
da warf das Pferd ihn ab ins Gras,
schon lag er auf der Adlernas'. Uff!

3. Die andern Kinder lachten sehr,
das ärgerte ihn noch viel mehr.
Er übte heimlich in der Nacht,
wenn alles schläft und keiner lacht.
Doch eines Nachts hat er versteckt
zwei Pferdediebe gleich entdeckt.
Er folgte heimlich ihrer Spur,
nahm mit nur eine Lassoschnur. Uff!

4. Bald drauf die Räuber schliefen ein,
Aki fing alle Pferde ein,
ritt leise unerkannt nach Haus,
da lachte niemand mehr ihn aus.
Da wurde es bald allen klar,
Aki wird Häuptling
nächstes Jahr.
Der Vater gab
mit viel Tamtam
ein großes Fest
dem ganzen Stamm. Uff!

Der Eichkater Schnurri

2. Wenn Schnurri einmal Hunger hat,
   dann frißt er sich an Nüssen satt,
   besonders bei den Buchen
   kann er sein Essen suchen!
   Refrain

3. Gehst du zu Schnurri in den Wald,
   zeigt er sich dir ganz sicher bald.
   Gib acht! Er will dich necken
   und spielt mit dir Verstecken.
   Refrain

4. Paß auf in Schnurris Waldrevier!
   Das kleine, freche, flinke Tier
   ist lustig und wirft munter
   oft Tannenzapfen runter.
   Refrain

Die Eule Cordula

2. Tagsüber saß sie hoch im Baum,
wer sie da suchte, sah sie kaum.
Kam jemand zu Besuche,
las sie in einem Buche!
Schu-u-uh! ...

3. Drin las sie schon ein ganzes Jahr,
weil es voll Zaubersprüche war.
Sie zauberte tagtäglich,
und freute sich unsäglich!
Schu-u-uh! ...

4. Ein Hasenohr zaubert sie weg,
das Schaf kriegt einen roten Fleck,
und plötzlich sah die Maus
fast wie ein Esel aus!
Schu-u-uh! ...

5. Doch eines Tages war's vorbei
mit dieser Waldtierzauberei,
denn aus dem alten Zauberbuch
sprach sie den falschen Zauberspruch.
Schu-u-uh! ...

6. Jetzt muß sie schlafen hundert Jahr
und schnarcht dabei ganz sonderbar.
Kommst du einmal nach Florida,
besuch doch bitte Cordula!
Schu-u-uh! ...

Warum das Känguruh so kurze Arme hat

Wooden Agogo

Zu - frie - den sei - ner Woh-nung zu hüpft das eit - le Kän - gu - ruh.

In dem Tümpel, braun und schön, konnte es sein Bildnis sehn.

Trommel

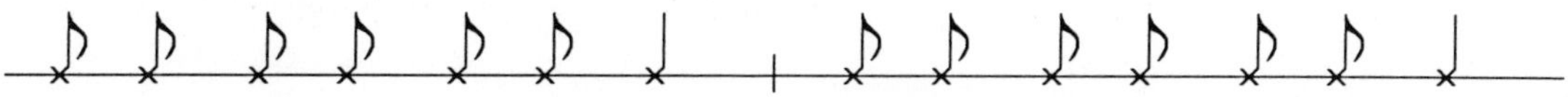

Bei - de Bei-ne, stark und stramm, hüp-fen ü - ber man-chen Stamm.

Trommel gerieben

Schellenkranz

Hinten schleift ein langer Schwanz, präch-tig schmückt er es zum Tanz.

Holzblocktrommel

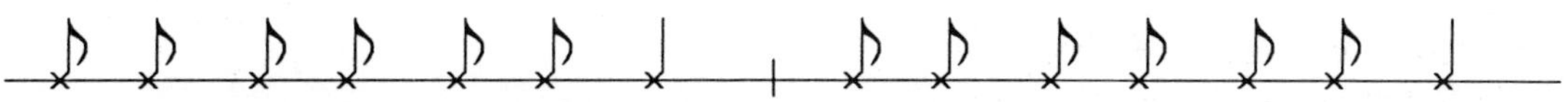

Auch die Ar - me, weich und braun, sind so herr - lich an - zu - schaun.

Stolz rief da das Känguruh: „Niemand ist so schön wie du!“
Eitel war’s, jahraus jahrein hörte man es täglich schrein:
„Ich bin doch das schönste Tier hier im ganzen Buschrevier!“

 *Metallophon*

Ei - ne Fee mit schwar-zem Haar leb - te hier ganz wun - der - bar.

 *Rassel*

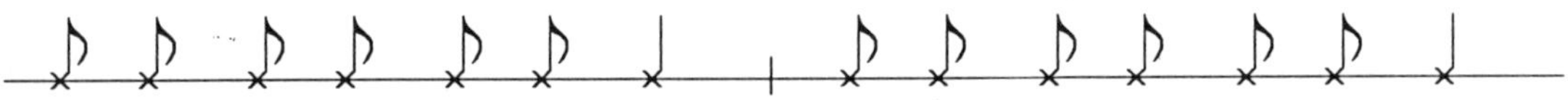

Al - le Tie - re lieb - ten sie, nie-mand war so schön wie sie.

Nur das eitle Känguruh rief recht keck: „Laßt mich in Ruh!
Schönheitskönigin bin ich! Diese Fee, die mag ich nicht!“
Doch als dies die Fee gehört, war sie traurig und verstört.

 *Becken*

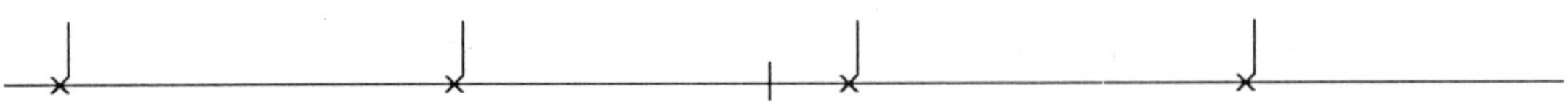

Sie sprach einen Zauberspruch aus dem dicken Zauberbuch.

 *Glockenspiel glissando*

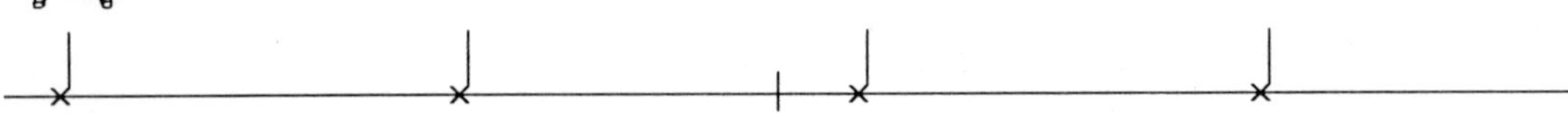

Kurz war'n beide Arm' im Nu von dem eitlen Känguruh.

Weil es so verändert war, lachten alle Tiere: „Ha!“

Fingercymbeln

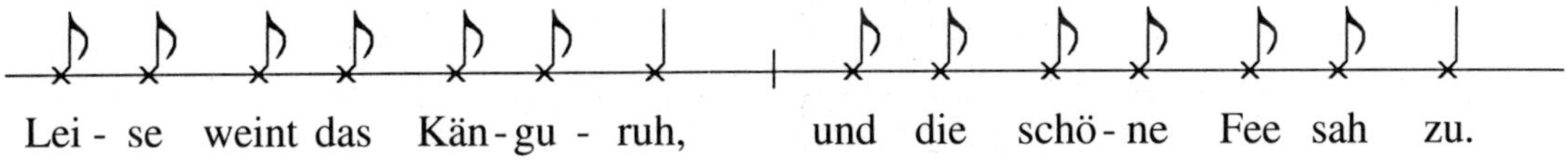

Doch nun tat es allen leid, und sie waren auch bereit,
es zu trösten und zu loben. Nun trägt den Kopf es wieder oben,
ist mit seinem Los zufrieden, das die Fee ihm hat beschieden.
Glücklich hüpft es immer zu, unser schönes Känguruh.

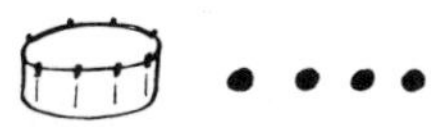

Ein Gewitter

	*Glockenspiel glissando*	Die Sonne heiß vom Himmel lacht,
		die Wetterhexe Türme macht,
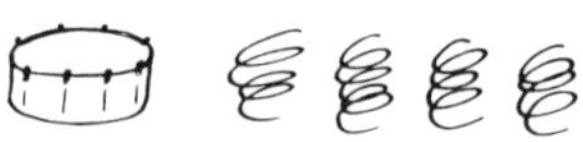	*Trommel leicht gerieben,*	da kommt der Wind gegangen,
	*Glockenspiel glissando*	
	"	den hat sie eingefangen.
	Metallophon glissando,	Das Wolkenschloß
	*Trommel gerieben*	wird schwarz und weit
	"	und schluckt der Sonne Strahlenkleid.
		Doch nimmt die Hitze trotzdem zu,
– – – – – – –	*summen*	die Mücken schwirren ohne Ruh.

Da zuckt ein Blitz, er leuchtet hell,	*Triangel*	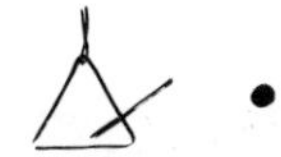
der Donnerriese ist zur Stell,	*Pauken*	
er brüllt aus seinem Wolkenhaus	”	
und läßt die Wetterwinde raus.	*Trommel mit Bürste ger.*	
Die fliegen ab zur Erd’ im Nu	*Trommel mit Bürste ger.*	
und schlagen alle Fenster zu,	*Schellentrommel*	
sie reißen Mädchen an den Zöpfen		
und blasen Hüte von den Köpfen.		
Die Bäume neigen sich zur Erde	*Trommel mit Bürste ger.*	
und schütteln sich wie junge Pferde.	”	
Die Vögel flattern ängstlich, lauschen	”	
im Nest geduckt dem starken Rauschen.	”	
Doch mutig kräht der Gockelhahn,		
er sieht sich keck die Blitze an.	*Triangel*	
Nur seine vielen jungen Hennen,		
die gackern, flattern, hüpfen, rennen.	*Holzblocktrommel*	

Rassel, Triangel, Pauken, Trommel gerieben

Denn jetzt fängt's heftig an zu gießen,

Rassel

vom Himmel Wasserströme fließen,
und wie auf einem Fußballfeld
gibt's Regenmännchen, ungezählt.

Vor Angst traut sich die Kirchenmaus
nicht mehr aus ihrem Loch heraus,
sogar der alte Kater Flock

Klanghölzer

verkriecht sich hoch im Taubenstock.

Zwölf Regenschirme sind entwischt,
die hat der Sturm bunt durchgemischt,
sie segeln lustig kunterbunt

Xylophon

und tanzen Walzer, kugelrund.

Metallophon glissando

Die Wetterhexe kommt geflogen
auf ihrem bunten Regenbogen.
Sie spricht ein altes Zauberwort

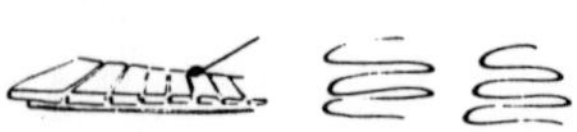

Metallophon glissando

und jagt die Regenwolken fort.

Die Sonne scheint vom Himmel wieder, — *Glockenspiel* 

der Regenwurm rührt seine Glieder,

der Salamander kriecht hervor, — *Agogo gerieben* 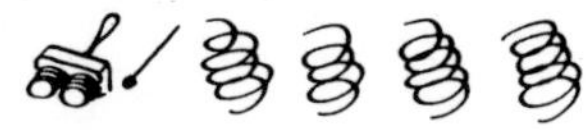

der Hase wackelt mit dem Ohr. — *Agogo* 

Die ganze Welt vor Freude lacht,

und alle Tiere sind erwacht.

Es freut sich alles, groß und klein,

denn freundlich lacht der Sonnenschein. — *Glockenspiel* 

Der freundliche Delphin Fabian

	*Metallophon*	Am Riff, wo die Korallen glühn, wohnt Fabianus, der Delphin.
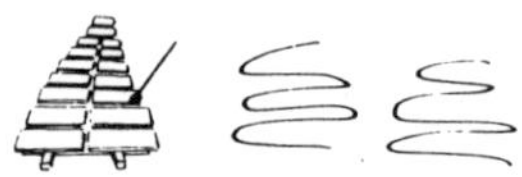	*Glockenspiel*	Zum Glück ist er dort nie allein, umschwärmt von Fischen, groß und klein.
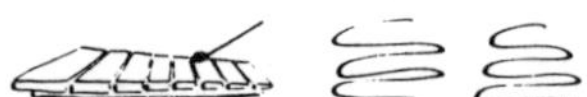 	*Metallophon,* *Glockenspiel*	Sie lieben ihn, denn ohne Ruh spielt er mit ihnen „Blinde Kuh“.
	*Metallophon*	Er lehrt sie, wie man richtig springt
	*Glockenspiel*	und doch nicht zuviel Anlauf nimmt.
		Wird es zum Turnen mal zu heiß,
	oink, oink, blubb, blubb	dann lehrt er singen sie – im Kreis. Er übt mit ihnen stundenlang,
	oink, oink, blubb, blubb	und herrlich klingt ihr Fischgesang!
	*Glockenspiel*	Die Kleinen singen den Sopran,
	*Metallophon*	ein großer Baß ist Fabian.
	*Xylophon*	Und erst der Alt und die Tenöre!
	alle Instrumente	Hier gurgeln ganze Fische(r)chöre.

Einst schwamm mit seiner Kamera an — *Xylophon*
der Taucherneuling Florian.
Er knipste Fische mancherlei, — *Xylophon*
da traf er einen Hammerhai! — *Becken*

Der riß gleich seinen Rachen auf — *Becken*
und fraß die Fototasche auf. — *Becken*
Gar gierig wollt er fressen dann
den schreckerstarrten Florian. — *Xylophon*

Doch rasch war Fabian zur Stell — *Metallophon*
und jagte fort den Haifisch schnell.
Erschrocken tauchte der zum Grund, — *Becken*
nichts gab's für seinen Haifischschlund.

Der Taucherneuling Florian,
der fing vor Freud zu tanzen an. — *Xylophon*
Auf Fabian durft' reiten er
durchs friedliche Korallenmeer. — *Metallophon, Xylophon*

Das Abenteuer der Ameise Krabbel

Wer ist so fleißig und so schlau?

Die Ameisen in ihrem Bau!

Sie rackern schwer den ganzen Tag

 *Rassel*

und kennen nichts als Müh' und Plag'.

Nur Krabbel war ein faules Tier!

Denn neuerdings, da trank er Bier

– das war nun seine neue Masche –

 *Trommel gerieben*

aus einer weggeworfnen Flasche.

 *Holzblocktrommel*

Die Königin erzürnte sehr,

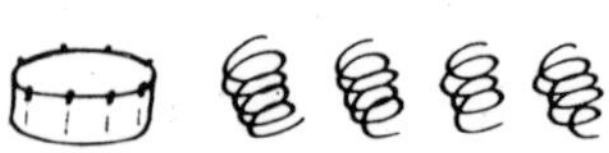 *Trommel gerieben*

denn Krabbel trank tagtäglich mehr.

Die Arbeit war ihm einerlei,

er trank und schlief und trank – für drei. *chr-chr-chr*

Einst trank er wieder zu viel Bier, *Trommel gerieben* 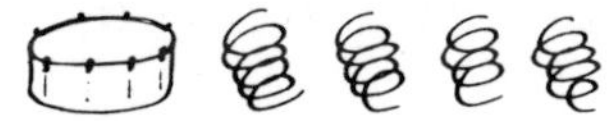
blind torkelte er durch's Revier. *Agogo* 
Er fiel betrunken in den Bach, *Trommel* 
zum Schwimmen war er viel zu schwach.

Zum Glück trieb da ein großes Blatt, *Metallophon glissando* 
drauf kletterte er müd und matt; *Rassel* 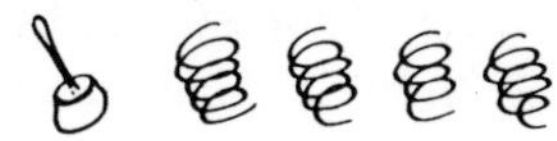
er fror, das Wasser war sehr kalt,
er sehnte sich nach seinem Wald.

In einem Teich war aus die Fahrt, *Metallophon glissando* 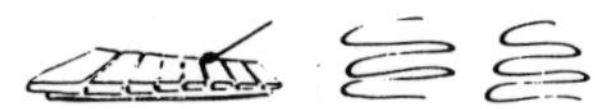
da schwor er sich bei seinem Bart:
„Komm ich gesund je wieder heim,
dann will ich immer nüchtern sein!"

Nach sieben Jahren Wanderschaft, *Rassel*
da kehrt er heim mit letzter Kraft. *Rassel* 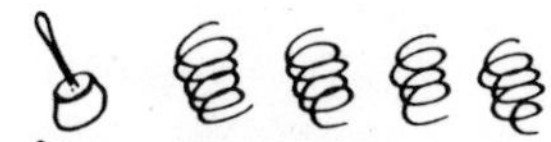
Und alle Freunde schrein: „Hurra! *Schellenkranz* 
Der Krabbel ist jetzt wieder da!" *Schellenkranz* 

Kinder ganzheitlich ansprechen
Klanggeschichten von Elisabeth Wagner

Keine Angst!

Sie müssen kein Musikgenie sein, um diese 37 lustigen Klanggeschichten mit Ihren drei- bis achtjährigen Kindern in Kindergarten, Grundschule, Heim und Hort „musizieren“ zu können. Eine einfache grafische Notation für Körper- und Orffinstrumente macht das möglich. Die verwendeten Instrumente sind mit Namen und Abbildung auf einer Seite zusammengefaßt. Die Klanggeschichten aus der Welt der Tiere, der Natur und des Jahresablaufs sind leicht nachvollziehbar und sprechen Kinder ganzheitlich an durch ihre Einheit von Sprache, Bewegung und Musik.

Kinder ganzheitlich ansprechen
Lieder und Geschichten von Volker Rosin

Itzibitz, die Liedermaus ...

... das sind 24 lustige Geschichten von der Liedermaus Itzibitz, Oma Bille, Opa Alfons und ihren Freunden zum Vorlesen und Spielen,

... das sind 26 neue, eingängige Lieder mit Gitarrenbegleitung zum Mitsingen und Darstellen,

... das sind 50 verschiedene Einsatzmöglichkeiten zu Themen aus dem Jahreskreis für Ihre pädagogische Arbeit.

Der Autor Volker Rosin, Bad Oeynhausen, arbeitet freiberuflich als Musikpädagoge für den Elementar- und Primarbereich in Kindergärten und Grundschulen.

Volker Rosin

Itzibitz - die Liedermaus

Neue Kinderlieder mit Geschichten im Jahreskreis

2. Auflage, 76 Seiten, illustriert, 26 Notengrafiken, kartoniert, ISBN 3-7698-0642-5

DBV
DON BOSCO VERLAG